Mach was mit Steinen
... mit Tipp, dem Bastelzwerg

Tipp

Angelika Wolk-Gerche

Mach was mit Steinen ... mit Tipp, dem Bastelzwerg

Verlag Freies Geistesleben

ISBN 3-7725-1993-8

1. Auflage 2001
Verlag Freies Geistesleben
Landhausstraße 82, 70190 Stuttgart
Internet: www.geistesleben.com

Druck: Uhl, Radolfzell

Inhalt

Edeltopas-Kristall

1. Begrüßung

Hallo, hier bin ich wieder,
Tipp, euer Bastelzwerg.
Heute möchte ich euch einladen, mit mir die geheimnisvolle Welt der Steine zu erkunden.

Steine, sei es ein funkelnder Diamant, ein Block Rosengranit, aus dem die alten Ägypter eine Skulptur meißelten, oder ein ganz gewöhnlicher Kieselstein in deiner Hand, erzählen spannende Geschichten von der Entstehung der Erde. Sie berichten von besonderen Ereignissen, etwa von verheerenden Vulkanausbrüchen vor Tausenden von Jahren, von Meteoriteneinschlägen, davon wie Gebirge entstanden sind und was unbemerkt im Inneren unserer Erde geschieht. Deshalb werden Steine von bestimmten Wissenschaftlern, den «Geologen» sehr gründlich erforscht. «Geologie» heißt: «Lehre von der Erde».

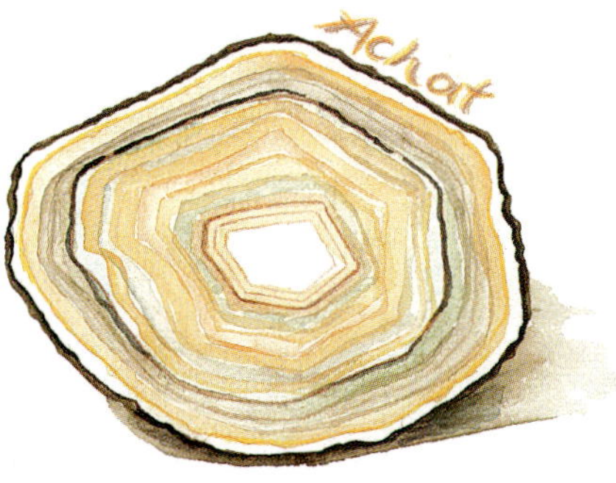

2. Steine, Steine ...

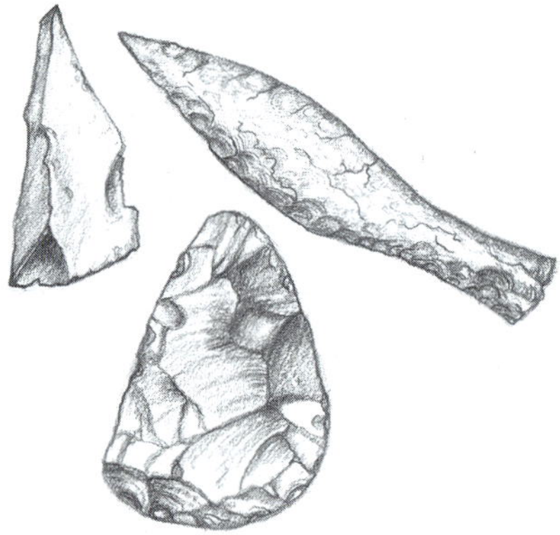

Steinzeitwerkzeuge:
Pfeilspitze, Faustkeil und Fischschwanzdolch.

... für die Menschen waren sie in all ihren verschiedenen Erscheinungsformen und mit ihren unterschiedlichen Eigenschaften schon immer sehr wichtig. Minerale und Gesteine bilden die feste Kruste unserer Erde, den Boden auf dem wir uns bewegen. Sie sind das Material, aus dem Rohstoffe gewonnen werden, sie sind voller Leben!

Die Steinzeitmenschen fertigten aus manchen Steinen Faustkeile, Pfeilspitzen und Beile. Zum Feuermachen benutzten sie den Feuerstein und auf erhitzten Steinen buken sie ihr Brot. Sie bemalten auch Felsen und kleine Steine und schufen die ersten Kunstwerke der Menschheit. Monumentale Grabmale und religiöse Kultstätten wurden aus tonnenschweren Steinen errichtet. Vielleicht hast du schon einmal etwas von Stonehenge in Südengland gehört? Dabei handelt es sich um einen Doppelkreis von riesigen Steinen, der wahrscheinlich einem Sonnenkult diente. Die Steine sind genau nach bestimmten Sonnen-

Großsteingrab der «Trichterbecherleute», die 2.300 Jahre v. Chr. im Ostseegebiet lebten.

Die Kathedrale Notre Dame in Paris wurde im 12. Jahrhundert erbaut.

«David mit der Steinschleuder» Marmorstatue von Michelangelo, 16. Jahrhundert.

Ägyptischer Pharaonenkopf aus Rosengranit.

Die Marmor-Brüche in Carrara (Italien).

stellungen aufgestellt. Man fragt sich, wie die Menschen vor 5 000 Jahren diese gewaltigen Steine wohl bewegt haben mögen? Das gilt auch für die berühmten Pyramiden in Ägypten. Sie wurden aus Kalkstein gebaut, der in der Nähe von Kairo vorkommt. Tempel, Paläste und Kathedralen aus Marmor, Granit, Sand- und Kalkstein haben die Jahrhunderte und sogar Jahrtausende überdauert und sind auf der ganzen Welt zu finden. Sicher habt ihr auch schon einmal ein solch eindrucksvolles Bauwerk besichtigt, vielleicht die Kathedrale Notre Dame in Paris? Bildhauer vergangener Zeiten wie auch moderne Künstler verarbeiten am liebsten Naturstein. Michelangelos berühmter «David» entstand zum Beispiel aus Marmor. Über Davids Schulter hängt die Steinschleuder, mit deren Hilfe er Goliath tötete. Du siehst, dass die Menschen zu allen Zeiten Steine auch als Waffen einsetzten. Unter allen Steinen haben es aber besonders die

Württembergische Königskrone mit Brillanten und Smaragden besetzt.

Rohmarmorstück sowie Kugel und Würfel aus poliertem Marmor.

kleinen funkelnden den Menschen angetan: Diamanten, Saphire, Rubine, Smaragde, Opale und noch viele mehr. Durch sachkundigen Schnitt und Schliff enthüllen sie meistens erst Farbe und Glanz. Das «Feuer», wie man dieses besondere Funkeln nennt, wird durch Spiegelung und Brechung des Lichts, das auf den Edelstein fällt, entfacht. Kaiser und Könige schmückten sich mit kostbaren Steinen, um ihre Macht und Würde zu demonstrieren. Heute kann man manche dieser Schätze in Museen bewundern. Aber man muss ja nicht König oder Kaiser sein, um sich an einem schönen Stein zu erfreuen. Viele

Leuchtende Naturfarben aus gemahlenen Steinen.

Menschen tragen Edelsteine als Glücksbringer, manche versprechen sich davon Schutz und Gesundheit. Tatsächlich werden aus bestimmten Steinen, besser gesagt Mineralien, heilkräftige Medikamente hergestellt. Auch die moderne Technik verwendet Steine, zum Beispiel Diamanten. Wegen ihrer besonderen Eigenschaften, wie Härte und Wärmeleitfähigkeit, sind sie in manchen elektronischen Bauelementen zu finden. Schöne Naturfarben gewinnt man ebenfalls aus bestimmten Steinen, die zu diesen Zweck zermahlen werden.

Ihr seht schon anhand dieser wenigen Beispiele, wie groß und faszinierend die Welt der Steine ist.

Für mich, Tipp, ist aber gar nicht so wichtig, ob ein Stein viel oder wenig Geld wert ist. Ich freue mich einfach nur an den Formen, der Zeichnung und der Farbe der Steine, ob es ein Stück Schiefer, ein farbiger Quarz oder ein rundgeschliffener Kiesel vom Strand ist. Dabei stelle ich mir vor, dass mein Stein schon da war, als noch die Dinosaurier über die Erde stampften. Manchmal halte ich ihn an mein Ohr und lausche seinen steinalten Geschichten.

Ich kenne einen Jungen, der trägt einen bestimmten, aber ganz gewöhnlichen Kieselstein immer in der Hosentasche. Es ist ein glatter, tropfenförmiger Stein, dunkelgrau mit einigen weißen Linien und winzigen silbrigen Sprenkeln. Warum er sein Glücksbringer wurde und woher er ihn hat, verrät der Junge nicht – aber dieser Kieselstein ist für ihn wie ein Edelstein, sagt er.

Vielleicht findest du auch irgendwann deinen «Edelstein», vielleicht bekommst du ihn von einem lieben Menschen geschenkt. Dann nimm ihn überall hin mit. Wenn du ihn mit deiner Hand umschließt, wird er ganz warm und du spürst seine klare, feste Form. So schenkt er dir Freude und Zuversicht.

3. Die Tipp-Steine-Sammlung oder wie man «steinreich» wird

Hier siehst du nun meine Steine-Sammlung. Wenn du auch «steinreich» werden möchtest, dann fange am besten gleich mit dem Steinesammeln an. Schon wenn du aus der Haustüre trittst, liegen dort wahrscheinlich die ersten Kieselsteinchen vor deinen Füßen. Schau sie dir genau an, es lohnt sich: Manche haben Herzformen, manche sind mehrfarbig gesprenkelt, andere sind ganz schneeweiß, wieder andere ebenmäßig und flach. Später kannst du sie waschen. Die besonders schön gezeichneten werden dann mit farblosem Lack überzogen, dann glänzen sie und die Farben treten besser hervor. Man kann die Steine zu diesem Zweck auch mit Wachs einreiben und mit einem weichen Lappen polieren. Einige Steine hast du vielleicht aufgehoben, weil dich ihre Form an einen Fisch oder einen Schmetterling erinnert. Solche Steine kannst du später bemalen, um die besonderen Merkmale herauszuheben. Lege jede Steinsorte in eine extra Schachtel oder einen Korb. Beim Sonntagsspaziergang halte stets die Augen offen, dann findest du die interessantesten Steine am Feldrand, am Fluss, im Gebirge. Weitere ergiebige Fundstätten sind Kiesgruben und Baustellen. In den Ferien fahrt ihr vielleicht ans Meer. Dort findet man massenhaft wunderschöne rundgeschliffene und polierte Steine. Manche haben Löcher, andere sind mit Muscheln überwachsen und sehen ganz bizarr aus. Mit etwas Glück findest du sogar einmal einen ganz besonderen Stein. Auf den Abbildungen siehst du solche «Glücksfunde». Es sind Bernsteine aus dem Jadebusen bei Wilhelmshaven an der Nordsee-

«Glücksfunde» vom Nordseestrand: Versteinerter Seeigel und Bernsteine.

küste und ein versteinerter Seeigel von einem Strand in Dänemark. In der Sahara gefunden wurden die «Wüstenrose», ein gipsartiger Stein, der an eine Rose erinnert, sowie ein durchscheinendes Stück mit dem Namen «Wüstenglas». Solche Steine sind wahrscheinlich durch einen Meteoriteneinschlag entstanden und äußerst selten zu finden. Wüstenglas war schon im alten Ägypten sehr begehrt, als Schmuckstein für die Pharaonen. Wenn deine Eltern, Paten, Großeltern, Freunde usw. von deinem «steinigen Hobby» erfahren, schenken sie dir sicher den einen oder anderen Stein zum Geburtstag oder zu einem anderen Anlass. In vielen Städten gibt es Mineralien-Messen oder Fachgeschäfte. Dort kannst du dir schöne Steine für ein Taschengeld kaufen. In Läden für Aquarienbedarf bekommt man ebenfalls schöne Steine, die zum Dekorieren des Aquariums gedacht sind. Einen einfachen Sammelkasten für kleine Trommelsteine kannst du dir ganz leicht aus Streichholzschachteln basteln. Die Schachteln werden einfach aneinander geklebt, so dass eine kleine Kommode entsteht. Klebe Laschen aus festem Papier in die Einschübe, so lassen sie sich besser herausziehen. In jede Schachtel kommt außerdem ein Zettel, auf dem der Name des Steins vermerkt ist. Die zweite abgebildete Schachtel enthielt einmal Schokolade, nun liegen schöne Steine darin. Als Fächer dienen wieder die Einschübe von Streichholzschachteln. Jeder Stein liegt in einem Bett aus Märchenwolle, dadurch kommen Farbe und Glanz noch besser zur Geltung. Im Deckel der Schachtel sind die

Selbstgemachte Sammelkästen für deine Edelsteine.

Aus der Wüste: «Wüsten- oder Sandrosen» (gipsartiger Stein) und «Wüstenglas», das wahrscheinlich durch einen Meteoriteneinschlag entstanden ist.

Namen der Steine zu lesen. Nützlich wäre auch eine Lupe, damit du deine Schätze ganz genau betrachten kannst. In eurem Bücherregal steht möglicherweise ein Buch zum Bestimmen von Edelsteinen und Mineralien. Wenn nicht, so geh in die nächste Bücherei und leih dir eins aus. So erfährst du nicht nur die Namen deiner Steine, sondern auch noch eine Menge über ihre Herkunft und Entstehung, eben über «Geologie» – und damit bist du schon auf dem besten Wege, selbst ein «Geologe» zu werden. Vielleicht steckst du sogar noch deine Freunde an, dann könnt ihr Steine tauschen.

Das Sammeln von Steinen und Mineralien allein ist schon eine spannende und interessante Sache. Wir wollen aber mit unseren Steinen auch spielen und basteln und zum Schluss ein knuspriges Steinzeitbrot backen. Also blättere einmal weiter und lass dich überraschen!

4. Kieselsteine

Was mein Kieselstein erzählte

Es begann vor ungefähr 120 Millionen Jahren, zur Zeit der Saurier. Damals war mein Kieselstein noch kein Kieselstein, sondern Teil einer dicken Schlammschicht. Südeuropa lag noch unter einem warmen Meer. Im Laufe der Zeit wurde die Schlammschicht immer fester und fester, bis daraus eine harte Kalkbank entstanden war. Das dauerte etwa 20 Millionen Jahre und spielte sich in der Gegend ab, wo heute das Mittelmeer zu finden ist. Die Erde veränderte sich langsam aber stetig. Afrika mit seiner riesigen Landmasse schob sich unaufhaltsam nach Norden. Es drückte gegen die europäische Landplatte und faltete mit ungeheurer Kraft die Gesteinsschichten in Europa zusammen. So entstanden die Alpen. Das war vor etwa 50 Millionen Jahren. Im Gestein der Alpen schlummerte mein Stein. Jedes Jahr wurde er

Gesteinsbrocken aus den österreichischen Alpen.

einen Millimeter nach oben geschoben. Je höher das Gestein kam, umso stärker war es einem Wechselbad von Hitze, Eis und stürmischen Winden ausgesetzt. Die dicke Kalkwand bekam langsam Risse und fing an zu bröckeln. Irgendwann brach der Block ab, in dem mein Kieselstein steckte, der aber immer noch kein einzelner Stein war. Dann kam auch noch die Eiszeit. Der Steinblock war nun für lange Zeit inmitten eines riesigen Gletschers gefangen. Nach weiteren Millionen von Jahren aber kam das Eis ins Rutschen und beförderte Steine und Felsbrocken ins wärmere Tal. Unser Steinblock zerfiel dabei mehr und mehr. Die frei gewordenen Steine schliffen sich aneinander und am Eis ab und wurden runder und runder. Schließlich taute das Eis vollständig. Es wurde zu Schmelzwasser, das einen großen Fluss speiste. Hier, im reißenden Fluss, tanzten,

wirbelten und polterten die Steine wie wild herum. Dabei wurden sie ganz glatt poliert, bis sie richtige Kieselsteine waren. Schließlich kamen sie am Flussufer zur Ruhe. An einem schönen Frühlingstag ging ich dort vorbei und fand den Kieselstein. Er lag rund und glänzend in der Sonne, umgeben von seinen Gefährten. Ich hob ihn auf und betrachtete ihn von allen Seiten. Er gefiel mir. Dann hielt ich ihn an mein Ohr. Die Geschichte, die er mir sogleich erzählte, habt ihr gerade erfahren.

Legebilder

Mit Kieselsteinen in verschiedenen Größen, Formen und Farben kannst du schöne Muster und Figuren legen. Im Sommer macht es draußen am meisten Spaß. Bereite ein schönes Sandbett vor oder breite eine Wolldecke auf der Wiese aus, und lege dein Stein-Bild darauf. Im Winter gestaltest du deine Legebilder einfach auf dem Fußboden. Bewahre die Steine nach Größen sortiert in Dosen oder Schachteln auf, so hast du immer die richtige Größe griffbereit. Ein paar Vorschläge siehst du hier abgebildet.

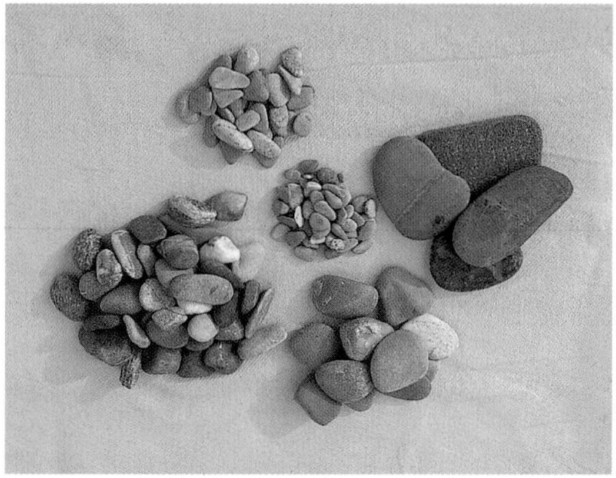

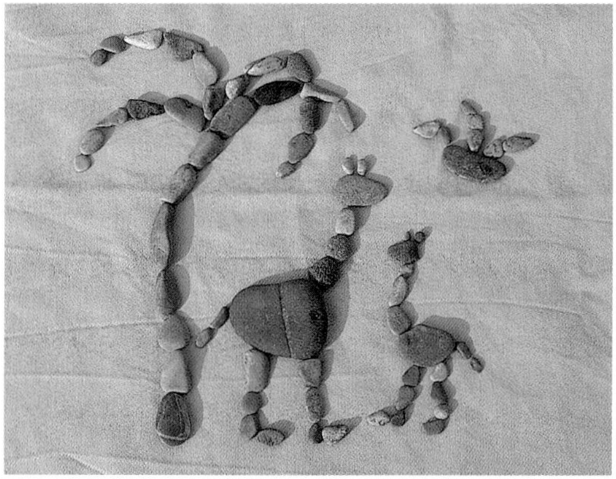

Wärmestein für die Füße

Früher, als die Häuser noch nicht so gut geheizt waren wie heute, bekamen die Kinder in besonders eisigen Winternächten oft Fußwärmer ins Bett gelegt. Das waren schön abgerundete, glatte Feldsteine. Sie wurden im oder auf dem Ofen aufgeheizt. Dann schlug die Mutter ein dickes Tuch darum – und schon war die «Bettheizung» fertig! Der Stein blieb sehr lange angenehm warm.

Wenn eure Mutter im Winter den Backofen benutzt, fragt sie, ob ihr einmal einen «Bettstein» dort aufwärmen dürft. Aber aufgepasst! Er darf natürlich nicht zu heiß werden. Lasst den Stein lieber von Mutter oder Vater aus dem Ofen nehmen. Aber vorher müsst ihr natürlich erst einmal den richtigen Stein finden. Schaut am besten am Feldrand danach. Hier ist ein «echter» Bettstein abgebildet, der schon viele Kinderfüße gewärmt hat.

Schmuck im indianischen Stil

Diesen Stein habe ich am Strand gefunden. Er ist viele Jahre im Meer gewesen und dabei ganz löchrig geworden. Zusammen mit einem Lederband, einigen bunten Perlen, Federn und einem ebenfalls gefundenen Tierknochen entstand daraus ein Amulett. Es erinnert an indianischen Schmuck und ist ein schöner Glücksbringer, besonders für Jungen.

Hirtenhütte

Material: Kleine flache Kieselsteine, Schieferplatten o.ä. für das Dach, Modelliergips, eventuell Holzspäne, Stöckchen von draußen, etwas festen Karton, Bindfaden, stabile Bodenplatte aus Holz.

Die Kieselsteine waschen. Den «Mörtel» aus Gipspulver anrühren und mit Holzspänen

oder Sägemehl mischen. Achtung: Mörtel immer nur in kleinen Mengen anrühren, denn er wird schnell fest. Beim Aufeinandermauern der Steine Aussparungen für Tür und Fenster nicht vergessen. Als Überbrückung dieser Öffnungen einen festen Kartonstreifen auflegen. Darüber kommen noch zwei bis drei Steinreihen. Dann werden die Dachplatten aufgelegt. Die Tür besteht aus dünnen Zweigen, die man mit Bindfaden aneinander knüpft. Als Türverankerung werden Schlaufen gleich mit eingemauert. Durch diese Schlingen kann man später den Türpfosten schieben. Die abgebildete Hütte hat einen Durchmesser von 15 cm.

Steinhaus in den Schweizer Alpen.

5. Steine bemalen

Die Steine, die du bemalen möchtest, müssen sauber und trocken sein. Verwende am besten wasserlösliche Bastelfarbe (Acrylfarbe). Dann brauchst du noch Pinsel in verschiedenen Stärken, einen Bleistift, um das Motiv vielleicht auf dem Stein vorzuzeichnen und farblosen, wasserlöslichen Lack.
In deiner Steine-Sammlung finden sich bestimmt einige Exemplare, deren Formen an Tiere, Blumen, Häuser oder anderes erinnern. Diese Merkmale solltest du beim Bemalen aufgreifen und betonen. So arbeiteten schon die Menschen der Steinzeit. Bei ihren Höhlenmalereien bezogen sie die natürlichen Formen der Felsen, wie Ausbuchtungen, Spalten usw., mit ein.

Kieselstein-Fische

Oft findet man Steine, deren Formen Fischen ähnlich sind. Wenn man darauf achtet, findet man mehr als man denkt. Könnt ihr euch vorstellen, dass diese bunten Gesellen noch vor kurzem als unscheinbare Kieselsteine draußen herumlagen? Inzwischen haben sie sich in Fische aus allen Gewässern der Welt verwandelt: Piranhas, Augenfische, Rotfeder und sogar eine grimmige Netzmuräne tummeln sich friedlich nebeneinander.

So wird´s gemacht: Die Kieselsteine waschen und trocknen lassen. Mit einer Grundfarbe zweimal einpinseln. Wenn dir nicht gleich ein Fischmuster einfällt, schau dir Aquarienfische oder Abbildungen von Fischen an. Unsere Fische werden natürlich beidseitig bemalt, damit sie nicht nur von links nach rechts schwimmen können, sondern auch zurück. Wenn du möchtest, zeichne das Fischmuster

Diese schillernden Fische lagen noch vor kurzem als graue Kieselsteine vor der Haustür.

auf der getrockneten Grundfarbe dünn mit Bleistift vor. Neben deinem Wasserglas und den Farbtöpfen sollten auch ein alter Porzellanteller zum Mischen der Farben und ein Mallappen, an dem du den Pinsel bei Bedarf abtupfen kannst, liegen. Lass dir beim Bemalen deines Fisches ruhig Zeit. Wenn du nicht zufrieden bist mit dem Ergebnis oder dir der Pinsel ausgerutscht ist, kannst du das Ganze neu grundieren und noch einmal anfangen. Zum Schluss erhält der Fisch einen Überzug aus farblosem Lack, dann kann er losschwimmen! Als «Wasser» eignet sich ein blaues oder grünes Seidentuch, denn es glänzt und schimmert wie Wasser. Das Seidentuch in Falten legen, so entstehen «Wellen». Wenn du noch ein paar kleine Muscheln hast und einen Zweig rot oder weiß anpinselst (Koralle), wird deine Unterwasserlandschaft wunderschön. Vielleicht hast du in deiner Steine-Kiste sogar ein paar glitzernde Edelsteinchen? Lege sie mit dazu und es entsteht eine wahre Augenweide.

Anmerkung: Dieser Vorschlag eignet sich gut als Gemeinschaftsarbeit. Zum Schluss werden alle Seidentücher mitsamt den Fischen aneinander gelegt und zu einem fantastischen Meer vereinigt.

Kühl- oder Beulensteine

Solch einen «Anti-Beulenstein» sollte jeder zuhause im Eisfach liegen haben. Zum Kühlen von Beulen und Prellungen ist er dann schnell zur Hand. Jeder glatte, flache Stein eignet sich dazu. Bemale den Stein mit einem lustigen, optimistischen Motiv, dann tut es nur noch halb so weh. Deine kleine Schwester (oder der kleine Bruder) muss bestimmt schon wieder lachen, wenn sie (er) sich mit einem eiskalten «Delfin-Beulenstein» die angeschlagene Stirn kühlt.

Briefbeschwerer

Ein fantasievoll bemalter Stein als Briefbeschwerer ist ein tolles Geschenk, über das sich Vater oder Mutter sicher freuen. Verwende einen Stein, der eine abgeflachte Seite hat, damit er gut aufliegt und nicht

wegrollt. Grundiere ihn wieder beidseitig, wie vorher schon beschrieben. Das Motiv wird aber nur auf die Oberseite gemalt. Wie du auf der Abbildung siehst, habe ich einen herzförmigen Stein obendrein noch mit einem Herzen bemalt. Das ist doch ein eindrucksvolles Geschenk zum Mutter- bzw. Valentinstag, oder? In meiner Steine-Kiste fand sich ein Stein, der eine bestimmte Wölbung auf der Oberseite aufwies. Mit etwas Fantasie konnte man darin ein Schafsgesicht erkennen, zumal auch noch ein Ohr an der richtigen Stelle im Stein angedeutet war. Sicher fallen dir selbst jetzt viele originelle Motive für deine Briefbeschwerer ein, schau dir deine Steine genau an! Du könntest den Stein zum Beispiel auch beschriften, vielleicht mit einem chinesischen Glückszeichen?

Handschmeichler mit Tierfell-Mustern

Einen Handschmeichler hält man gerne in der Hand, weil er glatt ist und eine angenehme Form hat, daher der Name. Wenn er auch noch schön bemalt ist, wird er obendrein zum «Augenschmeichler». Meine Handschmeichler habe ich mit Tierfell-Mustern bemalt. Man kann sie gut in der Hosen- oder Manteltasche tragen, denn sie sind nicht so schwer, das ist sehr wichtig. So hat man seinen Handschmeichler immer dabei. Du kannst aber auch die entsprechenden Tiere daraus legen, wenn du noch einige kleine Kieselsteine für die Beine und den Kopf dazu nimmst. Auf der Abbildung siehst du ein paar Anregungen. Es ist sogar sehr interessant, wenn nicht alle Steine mit dem Tierfell-Muster bemalt sind, sondern nur der größte.
Mund und Augen bestehen übrigens aus Mini-Edelsteinen.

In Wirklichkeit ist diese «Gemme» nur halb so groß!

«Gemme» vom Feldrand

Echte Gemmen sind kleine Schmuckstücke, Broschen oder Ringe aus Edelsteinen, in die Bilder hineingeschnitten sind. Oft sind die Steine, Onyx, Opal, Karneol und andere, oval geformt. Das Motiv ist immer sehr klein und kunstvoll gestaltet. Am Feldrand fand ich diesen kleinen Stein, von dem ein Stückchen abgeplatzt war. Die abgeplatzte Stelle war ovalförmig und erinnerte an eine Gemme. Zuhause wurde sie mit einem zarten Blütenzweig bemalt und mit Goldfarbe umrandet – schon war eine «Feldstein-Gemme» entstanden!

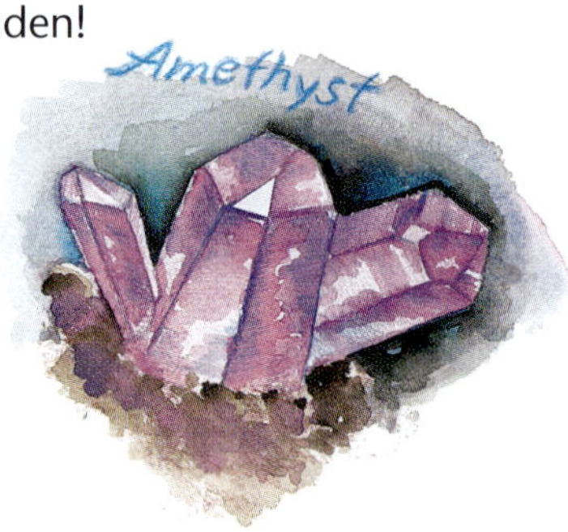

Steinpilze und Kapuzenmännlein

Material für die Steinpilze: Längliche Steine für die Pilzstiele, rundliche Steine mit einer flachen Seite als Kappen, einen großen, flachen Stein als Grundplatte. (Wenn die Steinpilze alleine stehen können, braucht man keine Grundplatte), Bastelfarben in braun, weiß und grün, guten Alleskleber, Pinsel.

Die Steine bemalen, schau dir dazu die Abbildungen an. Mische in das Weiß für die Stiele ein klein wenig braune Farbe mit hinein, dann ist es nicht so hart. Das untere Ende der Pilzstiele etwas dunkler bemalen. Dazu mit dem Pinsel ein paar Mal auftupfen. Die Unterseiten der Pilzkappen werden hell bemalt. Nachdem die Farben getrocknet sind, die Pilze zusammenkleben. Achtung: Bis der Kleber vollständig getrocknet ist, müssen die Teile abgestützt werden, damit

Steinpilze und Kapuzenmännlein vom Schotterweg.

nichts ins Rutschen kommt. Vielleicht solltest du ganz am Anfang ausprobieren, welche Steine sich am besten verbinden lassen, also fast schon alleine aufeinander liegen bleiben. Den Kapuzenmännlein gefällt es, wie man sieht, ausgesprochen gut bei den Steinpilzen. Wenn du solche Kapuzenzwerge haben möchtest, brauchst du:
Steine in Dreieckform (Feldrand, Baustelle, Schotterweg), Bastelfarben, Pinsel, Klarlack, etwas Knetwachs.
Die sauberen, trockenen Steine zweimal in der gewünschten Farbe anmalen. Dort wo das Gesicht sein soll, ein hautfarbenes Oval an die richtige Stelle malen. Wenn es getrocknet ist, mit einem dünnen Pinsel Gesicht, Haar und Bart aufmalen. Als Schutzschicht farblosen Lack auftragen. Zum Schluss aus Knetwachs eine Standfläche formen und den Zwerg darauf drücken.

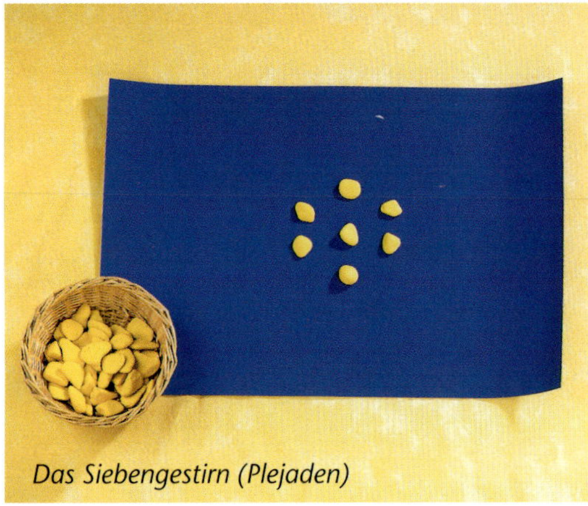

Das Siebengestirn (Plejaden)

Der Große Wagen

Spielsteine zum Sternbilder-Legen

Suche dir viele Kieselsteine von ungefähr gleicher Größe. Die sauberen, trockenen Steine zweimal mit gelber Bastelfarbe anstreichen. Jeder Stein soll ein Stern sein. Die Steine in einem Körbchen aufbewahren. Schau dir die Sternbilder am Himmel an oder leih dir ein Buch aus, in dem sie abgebildet sind. Ein dunkelblaues Tuch oder ein blauer oder schwarzer Tonkarton stellt das nächtliche Himmelszelt dar. Darauf übst du nun mit deinen gelben «Stern-Steinen», die Sternbilder richtig anzuordnen. Mit deinen Freunden oder Geschwistern kannst du dann einen Sternbilder-Wettbewerb veranstalten: Wer kann am schnellsten bestimmte Sternbilder richtig legen?
Übrigens ist dieses Spiel den Indianer-Kindern abgeguckt! Auf diese Weise haben sie früher die Sternbilder gelernt und sich eingeprägt.

Obwohl unser Schmetterling aus Steinen besteht, sieht er leicht und luftig aus.

Mosaik aus bunten Steinen

Die Fantasie ist einfach grenzenlos, alles ist möglich, sogar Schmetterlinge und Nachtvögel aus Stein, wie man hier sieht!

Material und Werkzeug: Viele Kieselsteine, gut deckende, wasserlösliche Bastelfarben nach Wunsch, Pinsel, Alleskleber, festen Karton als Untergrund, ein paar Trommelsteine, falls zur Hand.
Die Kieselsteine waschen. Den Karton in einer Farbe grundieren. Es sieht lebendiger aus, wenn die Farbe nicht ganz gleichmäßig aufgetragen wird. Du kannst zum Beispiel auch mit einem Schwämmchen weiße oder schwarze Wolken auftupfen. Hast du dir schon ein Motiv ausgedacht? Male es mit dünnen Bleistiftstrichen ungefähr auf. Dann lege die – noch unbemalten – Steine probeweise hin. Nun entscheidest du, wie viele Steine in welcher Farbe bemalt werden sollen. Nimm also die Steine wieder ab und bemale sie. Erst wenn alle fertig und getrocknet sind, legst du das ganze Motiv vollständig auf den Untergrund. Wenn irgendwo ein

Ein Nachtvogel mit Steingefieder.

Steinchen fehlt, wird es schnell noch bemalt. Erst wenn du ganz zufrieden bist, wird ein Stein nach dem anderen abgehoben, die Unterseite mit einem Tröpfchen Alleskleber versehen und der Stein an seinen Platz geklebt. So kann nichts mehr passieren, nichts durcheinander geraten.
Anmerkung: Lass einige Kieselsteine des Mosaiks unbemalt. Wenn du ganz sparsam hier und da einen Edelstein mit einarbeitest, wird dein Bild besonders interessant und kostbar.

Schmetterling

Obwohl der Schmetterling aus Steinen ist, sieht er doch leicht und luftig aus, wie er so am Sommerhimmel schwebt. Das liegt daran, dass die Kieselsteine in hellen Farben bemalt worden sind und der Falter in Schräglage dargestellt ist, so als wollte er eine Kurve fliegen. Das erweckt den Eindruck von Bewegung. Als Edelsteine sind ganz vereinzelt Türkis, Magnesit, Peridot und Onyx verwendet worden.

Nachtvogel

Weil das «Steingefieder» richtig schön leuchten sollte, wurde unser paradiesischer Nachtvogel auf dunklen Untergrund geklebt. Das Auge besteht aus einem Edelstein namens Tigerauge, der Schnabel ist ein Jaspis.

Steinplatten bemalen

Manchmal findet man natürliche Steinplatten oder Bruchstücke davon. Die abgebildeten hellen Stücke stammen zum Beispiel von einer Hochfläche auf der Schwäbischen Alb in Baden-Württemberg. Oft weisen diese Platten kleine Spalten, Linien oder sonstige Unebenheiten auf, die die Fantasie anregen. Diese Zufälligkeiten beziehen wir in unsere Malerei mit ein. So entstehen Landschaften, Muster und anderes. Die dunklen Platten bestehen aus Ölschiefer. Aus Schiefer stellte man früher und zum Teil auch heute noch, Schultafeln her. Man findet dieses Gestein ebenfalls auf der Schwäbischen Alb, in tiefer

Steincollage mit weiß bemalten Versteinerungen.

gelegenen Schichten. Manche Stücke zeigen Versteinerungen von ausgestorbenen Lebewesen. (Lies dazu auch Seite 45, «Versteinerungen»). Diese Abdrücke kann man durch Lack oder Farbe hervorheben. Sie veredeln unsere Malerei und machen das Bild noch interessanter.
Die Steinplatte soll sauber und trocken sein. Zum Bemalen verwenden wir Bastelfarben, aber auch Kreiden (Öl- oder Pastell) oder weiche Farbstifte. Am besten probierst du auf der Rückseite der Steinplatte einmal aus, womit sich gut arbeiten lässt. Du kannst auch kleine Steine nach Fantasie bemalen und auf die Steinplatte kleben oder legen. Mehrere so gestaltete Steinstücke werden dann zu einer «Installation», wie der Künstler sagt, zusammengestellt. In solche Installationen kannst du auch farbige Trommelsteine und Muscheln mit einbauen.

Steincollage aus selbst gefundenen Ölschieferplatten (Holzmaden).

6. Edelsteine

Wenn man im Lexikon nachschlägt, steht da bei «Edelstein» unter anderem: Edelsteine sind Mineralien, die sich durch Glanz, Feuer, Durchsichtigkeit, teilweise auch schöne Färbung, durch bedeutende Härte, Widerstandsfähigkeit und Seltenheit auszeichnen. Zu den Edelsteinen gehören Diamant, Turmalin, Smaragd, Aquamarin, Topas, Opal, Granat, Citrin, Rubin, Saphir und etliche andere.
Für mich sind aber alle Steine, die mir gefallen, «Edelsteine»!

Was sind Trommelsteine?

Die Edelsteine, mit denen wir uns gleich beschäftigen, sind meistens sogenannte «Trommelsteine». Kleinere, unbehandelte Steinbrocken, denen man meistens gar nicht

ansieht, welche Schönheit in ihnen steckt, kommen in eine spezielle Trommel. Diese Trommel wird elektrisch angetrieben. Sie enthält Schleifmittel und Wasser. Darin werden die Steine tage- oder wochenlang gewälzt. Dann sind sie glatt, rund und glänzend.

Edelsteinbad

Seit alters her sind Menschen von der Heilkraft der Edelsteine überzeugt. Möchtest du einmal ein wohltuendes Edelsteinbad nehmen? Dann lege einige größere Trommelsteine (nimm die, die dir am besten gefallen) mit in die Wanne. Verwende zusätzlich ein natürliches Badeöl.

Anmerkung: Die Steine dürfen auf keinen Fall zu klein sein, sonst verschwinden sie im Abfluss!

Amethyst-Druse, Brasilien

Edelstein-Glas mit Zweig

Dazu braucht man: Ein einfaches Wasserglas, einige durchscheinende Edelsteine in schönen Farben, ein Zweig von draußen. Im Winter schneide am besten einen kahlen Zweig von einem Obstbaum oder Ziergehölz.

So wird´s gemacht: Lege die Steine in das Glas und fülle Wasser hinein. Stecke den Zweig zwischen die Steine. Stell das Glas ans Fenster, damit das Licht hindurchfluten kann, dann leuchten und schimmern deine Steine. An dem kahlen Zweig werden schon bald frische grüne Blättchen oder sogar Blüten sprießen. Das Ganze ist, besonders im Winter, ein wunderschöner Anblick.

Licht und Glanz

Dieser Vorschlag ist eine Variation des eben Beschriebenen:
In eine nicht zu tiefe Glasschale werden einige schöne Steine gelegt. Dann fülle Wasser hinein. Zum Schluss füge noch eine oder mehrere Schwimmkerzen und eine echte Blüte hinzu – ein schöner Anblick auf eurem Esstisch.

Edelstein-Zwerge

Dazu brauchst du: Knetwachs in verschiedenen Farben, kleine Edelsteine (Trommelsteine).
Modelliere aus dem Knetwachs lustige Zwerge. Auf der Abbildung siehst du, wie sie sich mit den Edelsteinen zu schaffen machen. Einer trägt den Stein auf der Schulter, ein anderer transportiert ihn in einer Walnussschale, ein dritter stemmt ihn hoch, um seine Kräfte zu zeigen. Sicher fallen dir noch viele andere Möglichkeiten ein. Sogar in den Taschen der Zwerge stecken Edelsteine, das macht man so: Nachdem die Figur fertig geformt ist, mit einem kleinen Messer die Tasche an der Zwergenjacke vorsichtig einschneiden, etwas ausbeulen und einen kleinen Stein hineinstecken.

Edelstein-Mandala

Edelstein-Mandala

Dazu braucht man: Viele kleine Edelsteine (Trommelsteine), als Untergrund farbigen Fotokarton oder ein einfarbiges Tuch.

Mandalas sind Rundbilder mit einem Zentrum in der Mitte. Solche Kreise finden wir in der Natur auf Schritt und Tritt. Viele Blütenformen, Margeriten, Ringelblumen, Gänseblümchen und andere, sind Mandalas oder Rosetten. Wenn du eine Orange, eine Karotte oder einen Apfel quer durchschneidest, siehst du die Mandalaform. Besonders schöne Mandalas von Menschenhand zeigen die Rosetten-Fenster an gotischen Kirchen. Auf Seite 9 siehst du gleich mehrere Mandalas an der Kathedrale Notre Dame. Buddhistische Mönche stellen überaus kunstvolle Mandalas als Meditationsbilder aus buntem Sand her. Mehrere Mönche arbeiten an einem solchen Bild oft tage- und wochenlang. Danach wird es zerstört und in den Wind oder in einen Fluss gestreut. Damit soll die Vergänglichkeit und Veränderlichkeit des Lebens deutlich gemacht werden.

Mandalas kann man malen, aus Blättern, Kastanien oder Märchenwolle legen, um nur einige Beispiele zu nennen. Wir legen heute eins aus bunten Edelsteinen. Wichtig dabei ist, dass das Bild ein deutliches Zentrum in der Mitte hat, sich zur Mitte hin orientiert. Beim Mandala-Legen sollte man sich außerdem viel Zeit lassen und ganz in Ruhe arbeiten, denn es soll der Entspannung dienen. Hier siehst du einen Vorschlag. Es gibt unzählige andere Gestaltungsmöglichkeiten, probier es einfach einmal aus. Wenn dir nicht so viele Edelsteine zur Verfügung stehen, nimm Kieselsteine mit dazu. Wenn dein Mandala etwas länger halten soll, dann klebe die Steine auf Tonkarton. Verwende auf keinen Fall einen Alleskleber, sondern lieber einen Spezialklebstoff (Fixogumm). So kannst du die Steine später wieder abnehmen ohne sie zu verderben, denn dieser Spezialkleber lässt sich rückstandsfrei abrubbeln.

Edelsteingarten

Material: Eine flache Kunststoffschale, Blumenerde, Sand, Mini-Pflanzen vom Gärtner, Kresse-Samen oder Getreidekörner, Zweige, Moos, eine kleine Schüssel (Wasserstelle im Edelsteingarten), zum Ausschmücken viele Edelsteine und Mineralien, falls vorhanden Pilze, Zwerge und Tierfiguren aus Stein oder Keramik.

Du bist der Gärtner oder die Gärtnerin in deinem kleinen Garten und kannst ihn ganz nach deinen Vorstellungen gestalten. Die Wege werden mit Sand bestreut, die Kresse kannst du später essen, es gibt eine kleine Wasserstelle mit einem Schiffchen oder einem Steinfisch darin, ein geheimes Zwergen-Versteck

In meinem Edelsteingarten grünt und blüht es.

und blühende Pflanzen. Sogar eine Schildkröte ist hier zu Hause – und überall liegen Edelsteine herum. Dein Garten kann natürlich ganz anders aussehen als der hier abgebildete. Wenn er fertig ist, mach dich einmal ganz klein, sodass er in deiner Augenhöhe liegt. So kannst du in deiner Fantasie richtig spazieren gehen in deinem Zaubergarten. Denk immer daran, dass er lebendig ist und Wasser, Licht und Luft braucht.

Blumen legen

Dazu brauchst du: Trommelsteine in verschiedenen Größen und Farben, als Untergrund Tonkarton oder ein einfarbiges Tuch. Schöne große Blüten zu legen ist nicht schwer und macht sehr viel Spaß. Wenn du auch ganz kleine, grüne Edelsteinchen hast, kannst du damit sogar die Blütenstiele legen.

Schüttelbilder

In diese ungewöhnlichen Bilder sind viele farbige Steinchen eingeschlossen. Wenn man sie bewegt, rascheln und klappern sie und es entsteht immer wieder ein anderer Anblick. Solche Bilder kannst du auch als Grußkarten verwenden.

Material und Werkzeug: Farbigen Wellkarton aus dem Bastel- oder Papierwarengeschäft, Fotokarton, dicke Pappe, feste Klarsichtfolie (Umverpackungen, Schnellhefter, Dokumentenhüllen), sehr kleine Trommelsteinchen, Schere, Klebstoff, Bleistift, Lineal; zusätzlich, falls vorhanden: Faschingsglitzer, flache Sternchen usw., etwas Buntpapier, Metallfolie, Geschenkpapier und dergleichen für den Hintergrund.

Los geht's: Aus dem Wellkarton, dem Fotokarton und der dicken Pappe drei gleiche Rechtecke von ca. 18 x 12 cm zuschneiden. In den Wellkarton, der die Oberseite bildet, den gewünschten Bildausschnitt schneiden. Das kann ein Oval, ein Herz oder ein einfaches Rechteck sein, ganz nach Wunsch! Aus dem dicken Papprechteck dann den gleichen Bildausschnitt ausschneiden, nur ein wenig größer als bei dem Wellkarton, damit die braune Pappe später nicht darunter hervorlugt. Ein Stück Klarsichtfolie hinten gegen den Bildausschnitt des farbigen Wellkartons kleben, fertig wäre das Fenster. Nun den dicken Papprahmen auf den Fotokarton, der den Hintergrund bildet, kleben. Vorher eventuell diesen Hintergrund mit Buntpapier bekleben oder auch bemalen. Erst wenn der Klebstoff ganz trocken ist, wird der Papprahmen mit den kleinen Edelsteinchen gefüllt. Zum Schluss den Wellkarton mit dem Fenster aufkleben. Das Bild bitte erst dann schütteln, wenn der Kleber getrocknet ist. Andernfalls könnten einige Steinchen an den Rändern kleben bleiben.

Achtung! Achte darauf, dass die Steinchen nicht dicker sind als der Papprahmen in den sie gefüllt werden, sonst drücken sie gegen die Fensterfolie und bewegen sich nicht richtig. Wenn du eine ganze Tüte mit kleinen Trommelsteinchen erworben hast, kannst du die ganz kleinen von den etwas größeren wie folgt trennen: Nimm ein grobes Sieb, wie man es zum Abtropfen von Salat oder zum Abgießen von Spaghetti benutzt. Fülle die ganze Tüte hinein und schüttle es über einem großen Teller. Die kleinsten Steinchen rutschen dann durch die Löcher und du kannst sie für dein Schüttelbild verwenden.

Und noch etwas: Sollten später an den Rändern deines Bildes Steinchen oder Glitzer herausfallen, so fahre mit der Klebstoffflasche darüber. Damit versiegelst du die Spalten.

Schatzhöhle im Guckkasten

Dazu brauchst du: Einen schönen Schuhkarton mit Deckel, Goldfolie oder Goldpapier, goldgelbe Märchenwolle, ein kleines Stück gelbes oder weißes Transparentpapier, Klebstoff, Schere und viele bunte Edelsteine in verschiedenen Größen, Taschenlampe.

Den Schuhkarton, die spätere Schatzkammer, innen ganz mit Goldpapier ausschlagen, damit sie besonders prächtig wird. Wenn du möchtest, kannst du den Kasten auch noch von außen verschönern. An einer Schmalseite des Kartons ein rundes Guckloch schneiden oder bohren. Aus der Märchenwolle formst du nun einen goldenen Berg mit Höhleneingang. Dann legst du ihn in den Karton und zwar an die Schmalseite gegenüber vom Guckloch. In den Deckel des Schuhkartons ein Fenster schneiden. Es soll ungefähr über dem Goldberg liegen. Diese Öffnung von innen mit dem gelben oder weißen Transparentpapier hinterkleben. So entsteht das «Oberlicht». Deine Edelsteine verteilst du nun am Eingang des Wollberges oder darauf oder darum herum, ganz wie du möchtest. Falls du einen kleinen Zwerg zur Hand hast, so setze ihn als «Schatzwächter» dazu. Dann mach den Deckel zu und hole dir eine Taschenlampe. Nun schaue durch das Guckloch und leuchte mit der Lampe oben durch das Oberlicht. Du erblickst eine märchenhafte Glitzerhöhle und alles erscheint größer als es in Wirklichkeit ist. Am schönsten ist es, wenn du dabei im dunklen Zimmer bist oder dir die Bettdecke über den Kopf ziehst.

Das Geheimnis in der Rose von Jericho

Die «Rose von Jericho» ist eine zauberhafte Wüstenpflanze, ein Symbol für Liebe, Glück und langes Leben. Wenn sie Wasser bekommt, öffnet sie sich und wird grün. Bei Trockenheit rollt sie sich zu einer unscheinbaren, graubraunen Kugel zusammen und kann so Jahre überdauern. Die Pflanze gibt es zusammengerollt in Pflanzencentern zu kaufen. Zuhause tauchst du sie ganz in lauwarmes Wasser ein. Wenn sie sich nach ein paar Stunden entfaltet hat, kommt sie in eine schöne Schale mit Wasser und wird an einen hellen Platz gestellt. Nun kommt das Geheimnis: Ein Edelsteinchen wird in die Mitte der Rose gelegt. Einige Tage kannst du dich an diesem Anblick erfreuen. Wenn das Wasser dann verdunstet und verbraucht ist, rollt sich deine Rose von Jericho langsam wieder zu einer Kugel zusammen. Das Edelsteinchen schließt sie dabei mit ein. Jetzt gönn ihr einige Wochen Ruhe. Dann kannst du ihr wieder Wasser geben. Nun beginnt das Wunder von Neuem und zum Vorschein kommt dein geheimes Edelsteinchen.

Denk bitte daran, dass die Rose von Jericho eine lebende Pflanze ist und behandle sie behutsam. Das Edelsteinchen in der Mitte darf nicht zu groß sein, damit es die Pflanze nicht belastet.

7. Versteinerungen

Hier siehst du zu Stein gewordene Tiere der Urzeit, «Fossilien» genannt. Es sind ein Ammonit (rechts im Bild), ein Trilobit (darüber), ein Seeigel (links) und ein kleiner, heringsartiger Fisch. Vor Millionen von Jahren schwammen sie alle quicklebendig im warmen Meerwasser herum. Das urtümlichste und älteste ist der Trilobit, ein Gliedertier mit gut entwickelten Augen am Kopf. Solche Tiere gibt es heute nicht mehr. Der Ammonit war ein Kopffüßler, der zur Zeit der Saurier im warmen Jurameer Europas lebte. Aus seinem spiralig gewundenen Haus schauten große Augen und zehn Fangarme heraus. Seeigel und Heringe gibt es ja heute noch.

So entstehen Versteinerungen:

Wenn ein Tier gestorben ist, sinkt es hinab auf den Meeresboden. Ist dort das Wasser sehr sauerstoffarm, verwest die Tierleiche kaum. Sie wird dann auch nicht durch Fäulnisgase an die Wasseroberfläche getrieben. Stattdessen wird sie mit Schlammschichten bedeckt und vollständig umschlossen. Mit der Zeit setzt sich der Schlamm und verfestigt sich mehr und mehr. Die Weichteile des eingebetteten Tieres lösen sich langsam auf. In die so entstandenen Hohlräume dringen feines Sediment und Mineralien ein. Sie kristallieren im Laufe der Zeit aus und es entsteht ein kompakter Steinkern. Teile wie Skelett, Schalen, Panzer, Schuppen und Zähne bleiben erhalten oder werden chemisch umgewandelt. Manche Fossilien sind ganz flach und zusammen gepresst durch das Gewicht von immer mehr Ablagerungsschichten. Sie sind dann nur in Form von Abdrücken erhalten. Meistens müssen Fossilien aus dem sie umschließenden Gestein erst herausgearbeitet werden. Das ist die Aufgabe des Präparators. Durch vorsichtiges Schaben und Schneiden mit Spezialwerkzeugen legt er die versteinerten Tiere oder auch Pflanzen frei. Anhand von Verfärbungen und Aufwölbungen am Stein erkennt der Fachmann, wo sich eine Versteinerung verbirgt.

Echt oder unecht? Ein «versteinertes Krokodil»

Weil Versteinerungen ja nicht so leicht zu finden sind, machen wir einfach einmal eine aus Pappe, Sand und Kleister.

Material und Werkzeug: Fester Karton, ca. 3 mm dick, Tapetenkleister, Alleskleber, feiner Sand, Pinsel, Schere, Bleistift, Toilettenpapier.

Nach der Vorlage das Krokodil auf den Karton zeichnen und ausschneiden. Der Karton darf nicht zu dünn sein, sonst kommt die Form später nicht gut heraus. Kopf und Beine abschneiden. Beine an den Gelenken durchschneiden, alle Krallen ebenfalls abschneiden. Am Kopf die Augen ausschneiden oder mit einem Locher stanzen. Mit einem Bleistift die Löcher eventuell noch vergrößern. Zur weiteren Betonung der Augen kleine Pappringe auf die Augenlöcher kleben. An einer Körperseite Rippen einschneiden. Alle Einschnitte sollten etwa 5 mm voneinander entfernt sein und ebenfalls 5 mm vor dem oberen Rand, also der anderen Körperseite, enden. Nun knicke jede zweite Rippe nach oben. Dann das Skelett auf einen festen Karton kleben, wie die Abbildung zeigt. Die Beinknochen und Krallen alle ein wenig voneinander abrücken und aufkleben, den Kopf ebenfalls ein wenig vom Körper abrücken. Dann alles mit Tapetenkleister einstreichen und mit einer dünnen Lage Toilettenpapier bedecken. Anschließend die gesamte Fläche mit Tapetenkleister einstreichen und mit reichlich Sand bestreuen. Nach dem Trocknen überschüssigen Sand draußen abschütteln.

Schablone
für das «versteinerte Krokodil»

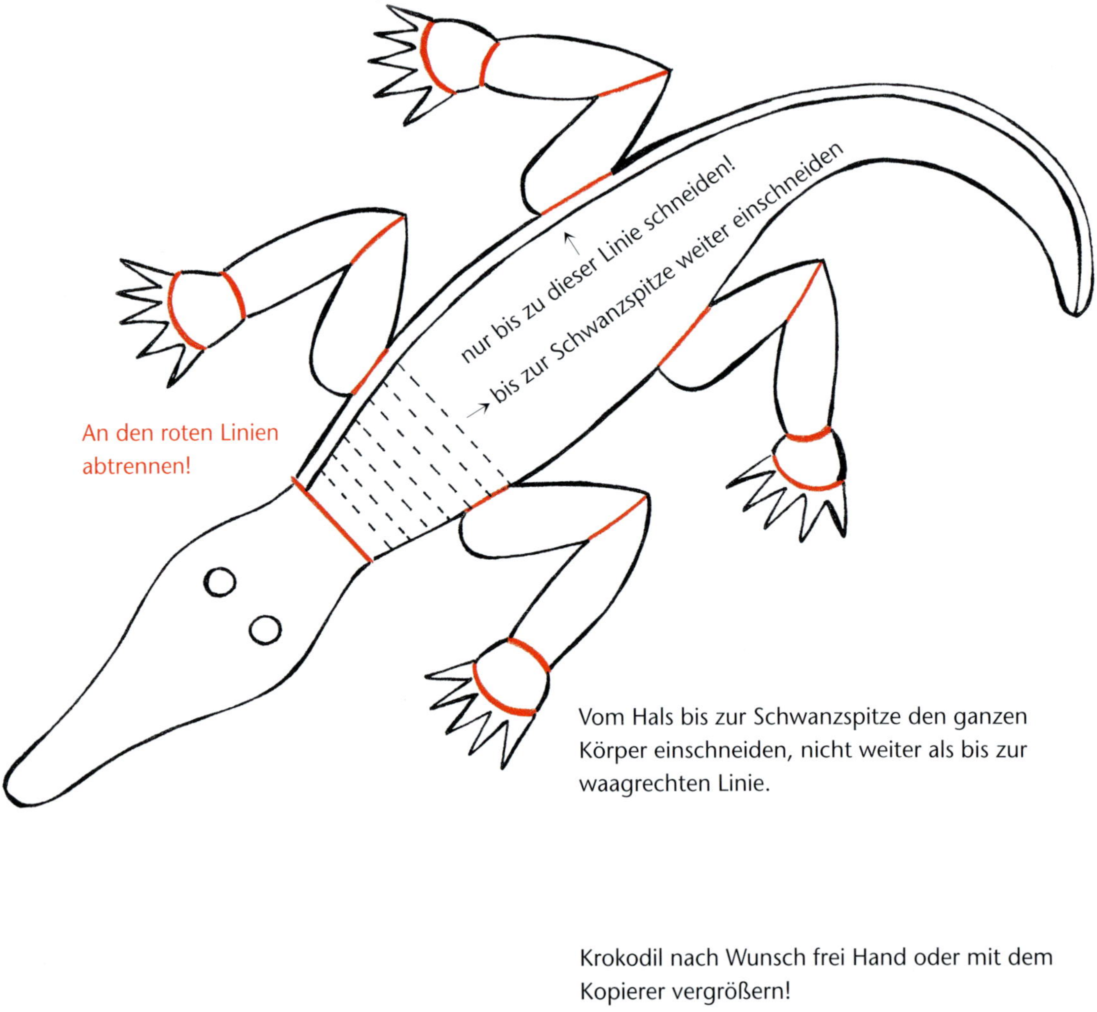

Vom Hals bis zur Schwanzspitze den ganzen Körper einschneiden, nicht weiter als bis zur waagrechten Linie.

Krokodil nach Wunsch frei Hand oder mit dem Kopierer vergrößern!

Na, sieht doch ziemlich alt aus, dein Krokodil! Darum herum liegen einige Ammoniten in verschiedenen Größen.
Vielleicht fallen dir noch andere Tiere ein, die sich auf diese Art «versteinern» lassen? Zum Beispiel einige Ammoniten: Male die Schneckenform auf Karton und schneide das Ganze aus, auch an der Spirale entlang. Dann schneide die Spirale in kleine Stücke. Beim Aufkleben setze sie mit Abständen wieder zusammen.

8. Zaubertricks und Steinspiele

Drei steinige Zaubertricks

1. Röntgenblick

Utensilien: Ein Edelstein, vier Eierbecher, ein graues Tuch als Unterlage.
Sehr wichtig: An den Edelstein wird ein langes, dünnes Haar geklebt.
So geht's: Du behauptest vor deinen Zuschauern, einen «Röntgenblick» zu haben, der die Eierbecher durchdringt. Vor dir, auf dem grauen Tuch, stehen die vier Eierbecher. Der Edelstein, den du ja vorher präpariert hattest, liegt daneben. Einer der Zuschauer soll nun den Stein unter einem beliebigen Eierbecher verstecken, während du vor der Tür wartest. Wenn man dich hereinruft, fixierst du mit «angestrengt-magischem Blick» die umgestülpten Eierbecher. Unter einem lugt mit größter Wahrscheinlichkeit das Haar hervor, so dass du ihn gleich identifizieren kannst. Die Zuschauer hatten das Haar natürlich nicht bemerkt.

2. Wo klappert´s?

Utensilien: Mehrere kleine Steinchen, vier leere Streichholzschachteln. Trage einen Pullover mit gut anliegenden Ärmelbündchen.
So geht´s: Lege drei der Streichholzschachteln auf den Tisch. Dann schüttle eine nach

der anderen. Aus der zweiten Schachtel war ein deutliches Klappern zu hören. Nun schiebe die Schachteln langsam herum, so dass das Publikum genau verfolgen kann, wo die zweite Schachtel zu liegen kommt. Jetzt frage, welche die Klapperschachtel ist. Alle werden auf die zweite zeigen. Du schüttelst sie – aber Pustekuchen! Es klappert nicht. Dafür klappert es aber in einer anderen Schachtel. Wiederhole das Verwirrspiel – und wieder klappert eine Schachtel auf die niemand gezeigt hat. Wie geht das? Das Geheimnis liegt in der vierten Schachtel. In ihr sind die Steinchen. Diese Schachtel steckt in deinem Ärmel. Die drei Schachteln auf dem Tisch sind leer. Soll eine Schachtel klappern, so schüttle sie mit dem Arm, in dessen Ärmel die vierte Schachtel steckt.

3. Stein auswringen

Utensilien: Ein Stein, den du gut mit deiner Hand umschließen kannst, ein kleines Stückchen Schwamm.

Und so geht's: Behaupte vor deinem Publikum «großspurig», über so große Kräfte zu verfügen, dass du aus einem Stein Wasser herauspressen kannst. Dann drückst du den Stein mit scheinbar größter Kraftanstrengung bis du einen ganz roten Kopf kriegst. Und tatsächlich, es tröpfelt Wasser aus dem Stein. Alle sind verblüfft! Das Geheimnis liegt in dem kleinen, nassen Schwammstück, das schon in deiner Hand sein muss, bevor du den Stein ergreifst. Am Ende musst du es aber unauffällig wieder verschwinden lassen.

Mit einem solchen Steinsortiment könnt ihr zum Beispiel «Mein rechter Platz ist leer» spielen.

Obere Reihe: *Lavabrocken, Amethyst, Blaukalzit*
Mittlere Reihe: *Rosenquarz, Wüsten- oder Sandrose, Bernstein*
Untere Reihe: *Geode, Marmorkugel, Kieselstein*

Steinspiele

Edelstein-Fangen

Mindestens 3 Mitspieler, jeder hat fünf bis acht kleine Edelsteine in der Tasche. Wichtig ist, dass alle zu Beginn gleich viele Steinchen haben. Dann spielt ihr ganz normal Fangen. Wer abgeschlagen wird, muss dem Fänger ein Steinchen geben. Wer kein Steinchen mehr hat, scheidet aus. Verlierer soll es bei diesem Spiel aber nicht geben, deshalb bekommt der Ausgeschiedene ein Steinchen geschenkt.

«Mein rechter Platz ist leer ...»

Mindestens 5 Mitspieler, die im Kreis auf Stühlen sitzen, ein Stuhl bleibt leer. Jeder Mitspieler hält, für alle sichtbar, einen Stein in der Hand. Die Steine sollten möglichst unterschiedlich und ihre Namen allen bekannt sein.

Spielverlauf: Der Mitspieler, der rechts von sich den leeren Stuhl stehen hat, fängt an. Er sagt, während er mit der rechten Hand im Rhythmus zu seinen Worten auf den Stuhl schlägt: «Mein rechter Platz ist leer, ich wünsche mir den Rosenquarz her!» (oder den Amethyst, den Sandstein etc.). Dann setzt sich das Kind, welches den gewünschten Stein in der Hand hält, neben ihn. Nun hat ein anderer Mitspieler einen Platz rechts neben sich frei und darf sich einen Stein (samt Kind) herwünschen, usw. Dieses Spiel macht nicht nur großen Spaß, man lernt dabei auch gleichzeitig die verschiedenen Steine kennen.

Enten füttern

Mindestens 2 Mitspieler, jeder malt die Umrisse einer Ente in Originalgröße mit Kreide auf den Boden oder ritzt sie mit einem Stöckchen in die Erde. Pro Mitspieler werden fünf schöne Kieselsteinchen benötigt. Sie sollen die Brotkrumen zum Enten füttern darstellen. Alle Kinder stellen sich etwa 2 m von ihrer Ente entfernt hin. Jetzt geht´s reihum. Jeder wirft seine Steinchen und versucht, seine möglichst auf seiner Ente landen zu lassen. Zum Schluss werden alle Steine bzw. «Futterbrocken» gezählt, auch die, die von anderen Spielern versehentlich auf die Ente geworfen wurden. Gewinner ist, wer die meisten Kiesel auf seiner Ente liegen hat, also seine Ente am besten gefüttert hat.

Wer wird steinreich?

Für 4-6 Mitspieler. Benötigt wird ein Korb oder eine Kiste mit 50 oder mehr Kieselsteinen und ein Würfel.

Die Stein-Kiste wird in die Mitte gestellt. Die Spieler würfeln der Reihe nach, der Jüngste fängt an. Jeder darf sich so viele Steine aus der Kiste nehmen, wie der Würfel anzeigt. Wenn die Kiste leer ist, wird gezählt. Wer die meisten Steine hat, ist der steinreiche Sieger. Er darf bei der nächsten Spielrunde als Erster würfeln.

Verschiedene Speckstein-Brocken und Werkzeuge.

9. Speckstein schnitzen

Speckstein ist eine Art Talk, das Weichste aller bisher bekannten Mineralien. Man kann ihn sehr gut schneiden, schnitzen, ritzen, sägen, schleifen und polieren. Speckstein kommt in verschiedenen Farben vor: Weiß, gelblich, beige, rötlich, grün, dunkelgrau usw. Je heller der Stein ist, umso weicher ist er. Seine ganze Schönheit entfaltet er erst nach dem Schmirgeln und Polieren. Manche Sorten sehen dann wie Marmor aus. Speckstein ist nicht teuer. Du bekommst ihn in Fachgeschäften für Künstlerbedarf und im Versandhandel für Werkmaterial. Am besten fragst du deinen Werklehrer, ob er dir ein Stück besorgen kann.

Polierte Handschmeichler aus Speckstein.

Handschmeichler

Passe den Handschmeichler genau deiner Handgröße an. Er sollte sich so angenehm anfühlen, dass du ihn am liebsten immerzu in der Hand halten möchtest. Tatsächlich wird ein Handschmeichler aus Speckstein immer glatter und schöner, je öfter man ihn in die Hand nimmt.

Werkzeug und Hilfsmittel: Fuchsschwanzsäge, Feinsäge, Raspeln und Feilen in verschiedenen Stärken, Taschenmesser oder ein gewöhnliches kleines Küchenmesser, Schmirgelpapier in unterschiedlicher Körnung, Nassschleifpapier bis Nr. 1000, etwas Speiseöl oder Bienenwachsbalsam, einen weichen Lappen.

Die gewünschte Form auf dem Steinstück ungefähr anzeichnen. Denk daran, das Werkstück immer etwas größer anzuzeichnen als dein späterer Handschmeichler sein soll. Nach dem Anzeichnen grob aussägen. Mit einer Raspel die ungefähre Form herausarbeiten. Das Stück immer wieder von allen Seiten begutachten. Je weiter die Arbeit fortschreitet, umso feiner werden die Werkzeuge und umso näher kommst du der Form, die du dir vorgestellt hast. Nach der Raspel kommt eine gröbere Feile, danach die feine Feile zum Einsatz. Mit einem kleinen Messer kannst du gut schaben, dabei wird die Oberfläche schön glatt. Nimm dein Werkstück ab und zu prüfend in die Hand, dann spürst du, ob es auch ein «echter» Handschmeichler wird. Wenn du mit den Schnitzarbeiten fertig bist, wird das Stück mit Schleifpapier geschmirgelt. Zuerst verwendest du grobkörniges, dann feineres und zum Schluss ganz feines Nassschleifpapier. Dazu musst du den Speckstein anfeuchten. Lass dir Zeit

Der Specksteinständer für die Achatscheibe sieht wie eine Berglandschaft aus.

beim Nassschleifen, denn dein Handschmeichler soll ja ganz glatt werden. Dann spül ihn mit klarem Wasser ab und lass ihn trocknen. Danach kannst du noch ganz normales Sonnenblumenöl oder Bienenwachsbalsam auf den Stein reiben, er saugt es begierig auf. Mit einem weichen Lappen wird nachpoliert. Nun zeigt der Stein erst seine ganze Schönheit!
Hat es dir Spaß gemacht? Dann habe ich noch einen zweiten Vorschlag:

Ständer für Achatscheiben

Die Form und auch die Farbe des Ständers kannst du auf die Achatscheibe abstimmen, für die er gedacht ist. Zu den bei einem Handschmeichler aufgezählten Werkzeugen brauchst du noch eine Werkbank oder eine andere Vorrichtung zum Einspannen sowie einen Stichel. Bearbeitung des Steins wie beim Handschmeichler beschrieben. Achtung: Oben musst du den Schlitz für die

Achatscheibe einsägen. Verwende dazu eine feine Säge, damit der Stein nicht platzt. Bei dieser Arbeit wird der Stein in die Werkbank eingespannt. Wenn beim Sägen trotz aller Vorsicht kleine Stücke abplatzen, so ist das nicht weiter tragisch. Das kannst du später mit der Feile wieder ausgleichen. Der Spalt wird jetzt noch viel zu eng sein. Arbeite mit Feile, Stichel und Messer vorsichtig nach, bis die Achatscheibe gut hineinpasst. Achte darauf, dass die Standfläche ganz glatt und eben wird. Dann wird wieder geschliffen, geschmirgelt und poliert, wie beim Handschmeichler beschrieben.

Anmerkung: Du solltest dir nicht zu genaue Vorstellungen über den fertigen Ständer oder Handschmeichler machen, sondern lieber abwarten was entstehen will.

10. Fladenbrot auf Stein gebacken

Zutaten: Dinkelmehl (Bioladen), etwas Salz und Wasser, ein paar Tröpfchen Sonnenblumenöl.

Die runde Feuerstelle baust du draußen aus großen Steinen. Ein großer, flacherer Stein dient zum Backen. Dann brauchst du noch genügend trockenes Brennholz und einen stabilen Ast.

Den Teig aus den oben genannten Zutaten kneten. Wir verwenden Dinkelmehl, denn daraus entsteht ein zäher Teig, der gut zusammenhält. Aus Dinkelmehl buken auch schon die Steinzeitmenschen ihr Brot.

In eurer Feuerstelle sollte sich inzwischen reichlich Glut entwickelt haben. Da hinein wird der große, flache Stein gelegt. Er muss ganz bedeckt sein. Wenn er sich dann richtig aufgeheizt hat, fegt ihr mit einem Ast Glut und Asche ab. Von dem Brotteig etwas abnehmen und daraus flache Fladen formen. Die Fladen auf den heißen Stein drücken. Nach 15 bis 20 Minuten ist das Brot fertig gebacken. Lasst es euch gut schmecken!

11. Die Entstehung des Diamanten

Ein heller Schwefelkristall wurde in den Tiefen der Erde einer schwarzen Kohle gewahr, die auch im Innern des Berges lag.
Der Schwefel sagte hochmütig zu der Kohle: «Was bist du für ein schwarzer, hässlicher Geselle! Sieh mich an, wie schön ich bin, wie ich glänze und leuchte!»
«Ja», antwortete die Kohle, «du bist schöner als ich. Aber ich war auch einmal hell und licht. Ich war weißes Holz, aber dann bin ich alt geworden, uralt und dabei bin ich zusammengeschrumpft und schwarz geworden.»
«Pah», sagte der Schwefel, «ich werde nicht alt. Ich bleibe ewig jung und schön. Das kann jeder sagen, dass er früher schön war.»
«Du hast Recht», erwiderte die Kohle, «man merkt dir kein Alter an. Du bist glatt und licht. Ich habe viele Runzeln.
Die habe ich von der Arbeit. Und wenn ich nicht alt und schwarz geworden wäre in langer, mühsamer Arbeit, könnte ich den Menschen nicht dienen. Und», so setzte sie glücklich hinzu, «die Menschen haben mich lieb. Sie brauchen mich, und ich diene ihnen gerne. Um den Menschen dienen zu können, bin ich gerne schwarz und unansehnlich.»
«Du bist ein Knecht», sagte der Schwefel. «Ich aber bin ein Herr! Rück mir nicht auf den Leib. Ich will meine schöne Farbe nicht beschmutzen. Und», setzte er streitsüchtig hinzu, «auch darin bist du mir nicht überlegen,

dass dich die Menschen brauchen. Mich ehren sie. Denn mir verdanken sie Licht. Aus mir bereiten sie Zündhölzer.»

«Licht, wie du es gibst, kann ich den Menschen nicht schenken», antwortete die Kohle, «aber dafür Wärme. Sie wärmen sich, wenn die Kohle im Ofen glüht.»

«Was du auch immer sagen magst», beendete der Schwefel das Gespräch, «du bist und bleibst eine hässliche Kohle, und ich bin eigentlich viel zu vornehm, um mich mit dir zu unterhalten.»

Die demütige Kohle dachte: «Ja, ich bin hässlich. Ich bin schwarz wie die Nacht. Aber ich habe Sehnsucht nach dem Licht.»

Diamant

Als der Schwefel und die Kohle die letzten Worte gewechselt hatten, entstand ein gewaltiges Getöse im Berg. Es dröhnte und polterte an allen Ecken, denn es war ein Erdbeben entstanden und die Gebirgsmassen stießen mit ungeheurem Druck aneinander.

Als der Schwefel dem Erdbeben ausgesetzt war, geriet er in Furcht und Zittern, und er konnte dem Gestein, das ihn bedrängte, nicht standhalten.

Und wie ging es der Kohle? Die Kohle erlebte die gewaltige Kraft des Berges. Und unter dem Druck von allen Seiten leuchtete in ihr die Erinnerung auf an das Licht, das sie einst als helle, grüne Pflanze in sich aufgenommen hatte, und an Erdbeben, die sie von der Oberfläche in die Tiefe des Berges versetzt hatten. Die Kohle hatte keine Furcht. Im Gegenteil, sie fühlte Vertrauen und Mut. «Vielleicht bringt mich das Erdbeben an das Licht zurück.»

Und als das Erdbeben vorüber war, da konnte man sehen, wie der Schwefel und die Kohle es überstanden hatten.

Der Schwefel war zu einem unscheinbaren Häuflein gelben Pulvers zermalmt worden. An der Stelle aber, wo die Kohle gewesen war, lag ein funkelnder Diamant.

Elisabeth Klein

12. Tipps Abschied

Mit dieser Geschichte möchte ich mich für heute von euch verabschieden, denn ich muss wieder in die Welt hinaus. Ein Stückchen von dem köstlichen Steinzeitbrot nehme ich als Proviant gleich mit – aber meine Steine-Zauberwelt bleibt bei euch! Ich freue mich schon auf unser nächstes Treffen.

Bis bald, euer Tipp

P. S.
Wie man einen «Tipp» als Spielfigur aus Wolle herstellen kann, ist in dem Büchlein «Mach was aus Wolle» beschrieben!

13. Literatur

Baum, Heike; Bücken, Hajo: *Kiesel, Schotter, Hinkelstein. Geschichten und Spielereien rund um Steine*. 2. Aufl. 1997. Ökotopia Verlag, Münster.

Edelsteine und Kristalle: Geheimnisvolle Schätze der Erde. Aussehen, Entstehung, Bearbeitung. Text v. R. F. Symes and R. R. Harding. Sehen, Staunen, Wissen. 2. Aufl. 1992. Gerstenberg Verlag, Hildesheim.

Gesteine und Mineralien: Die verborgenen Schätze unserer Erde. Entstehung, Aussehen, Fundorte. (Ein Dorling Kindersley Buch). Text v. R. F. Symes u.a. Sehen, Staunen, Wissen. Neuaufl. 1999. Gerstenberg Verlag, Hildesheim.

Das große Buch der Mineralien und Edelsteine: Ein umfassender Ratgeber zum Entdecken, Bestimmen und Sammeln. Neuaufl. 1998. Neuer Kaiser Verlag, Klagenfurt.

Mineralien und Edelsteine: Ein umfassender Ratgeber zum Entdecken, Bestimmen und Sammeln von Mineralien und Edelsteinen. Red.: Marco Drago, Andrea Boroli, Marcella Boroli u.a. Der große Naturführer. Neuaufl. 2000. Neuer Kaiser Verlag, Klagenfurt. (Ausführliche Darstellung)

14. Quellennachweis

Fotos: Wolfgang Schmidt, Ammerbuch (11); Studio Karl Hartmann, Sobernheim (60); Olaf Medenbach, Witten (58)
Studiofotos: Wolpert & Strehle, Stuttgart
Weitere Fotos: Dieter Wolk, Winterbach
Skizzen u. Aquarelle: Angelika Wolk-Gerche
Die Entstehung des Diamanten (S. 57 f.):

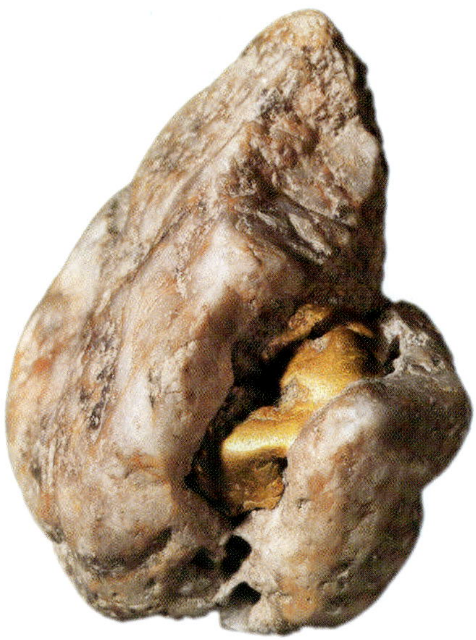

Goldkorn im Kiesel gefangen.

Angelika Wolk-Gerche

Mach was aus Wolle ... mit Tipp, dem Bastelzwerg

Mit diesem Band in der neuen Reihe von Bastelbüchern für Kinder, die von Tipp, dem Bastelzwerg, begleitet werden, möchte Angelika Wolk-Gerche Kindern im Schulalter Anregungen geben, was sich aus Wolle alles gestalten lässt.

Aus dem Inhalt:
Der Tipp-Wollkorb / Der Strickpilz / Alles aus Wollfäden / Märchenwolle, ungesponnene Wolle / Filzen / Urweben / So entsteht ein Woll-Tipp / Tipps Abschied / Bezugsquellen

Verlag Freies Geistesleben

Angelika Wolk-Gerche

Mach was aus Papier ... mit Tipp, dem Bastelzwerg

Mit diesem Band in der neuen Reihe von Bastelbüchern für Kinder, die von Tipp, dem Bastelzwerg, begleitet werden, möchte Angelika Wolk-Gerche Kindern im Schulalter Anregungen geben, was sich aus Papier alles gestalten lässt.

Aus dem Inhalt:
Die Tipp-Bastelkiste / Gefaltet, geschnitten, geklebt, gewickelt / Papiermaché / Papierschöpfen / Alles aus Pulpe / Tipps Papierschwalbe / Tipps Abschied

Verlag Freies Geistesleben

Angelika Wolk-Gerche

Wir bauen jetzt ein Haus

Ein Werk- und Spielbuch für
drinnen und draußen.
120 Seiten, durchgehend farbig,
gebunden

Ein Hauptbetätigungsfeld für das Spiel der Kinder, vor allem im Alter von sieben bis zwölf Jahren, ist das Bauen von Häusern, sowohl im Kleinen wie im Großen.
Angelika Wolk-Gerche gibt in ihrem Buch für dieses Spielbedürfnis der Kinder zahlreiche Ideen und Anregungen: Häuser aus den verschiedenen Kulturen der Welt sowie freie Fantasiehäuser, mit denen sich drinnen oder draußen spielen lässt, werden hier vorgeführt. Mit diesem selbstgemachten Häusern werden die Kinder immer wieder gerne spielen.

Verlag Freies Geistesleben